Águilas calvas

Grace Hansen

Abdo
ANIMALES DE
AMÉRICA DEL NORTE
Kids

abdopublishing.com

Published by Abdo Kids, a division of ABDO, PO Box 398166, Minneapolis, Minnesota 55439.

Copyright © 2017 by Abdo Consulting Group, Inc. International copyrights reserved in all countries.
No part of this book may be reproduced in any form without written permission from the publisher.

Printed in the United States of America, North Mankato, Minnesota.

102016

012017

 THIS BOOK CONTAINS
RECYCLED MATERIALS

Spanish Translator: Maria Puchol

Photo Credits: iStock, Shutterstock

Production Contributors: Teddy Borth, Jennie Forsberg, Grace Hansen

Design Contributors: Laura Mitchell, Dorothy Toth

Publisher's Cataloging-in-Publication Data

Names: Hansen, Grace, author.

Title: Águilas calvas / by Grace Hansen.

Other titles: Bald eagles. Spanish

Description: Minneapolis, MN : Abdo Kids, 2017. | Series: Animales de
    América del Norte | Includes bibliographical references and index.

Identifiers: LCCN 2016947824 | ISBN 9781624026652 (lib. bdg.) |
    ISBN 9781624028892 (ebook)

Subjects: LCSH: Bald eagle--Juvenile literature. | Spanish language materials--
    Juvenile literature.

Classification: DDC 598.9/43--dc23

LC record available at http://lccn.loc.gov/2016947824

Contenido

Águilas calvas 4

Alimentación y caza 12

Crías de águilas calvas 18

Más datos 22

Glosario 23

Índice 24

Código Abdo Kids 24

Águilas calvas

Las águilas calvas viven en Estados Unidos y en Canadá. También viven en México.

4

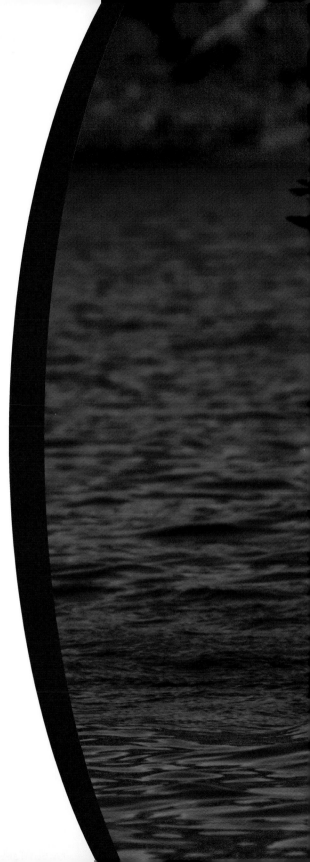

Viven cerca de masas de agua.

Es fácil verlas en los lagos y

en las costas.

Las águilas calvas están
cubiertas de plumas. La cabeza
y la cola son blancas. El resto
del cuerpo es de color café.

El pico de las águilas calvas es amarillo. Tienen **garras** grandes.

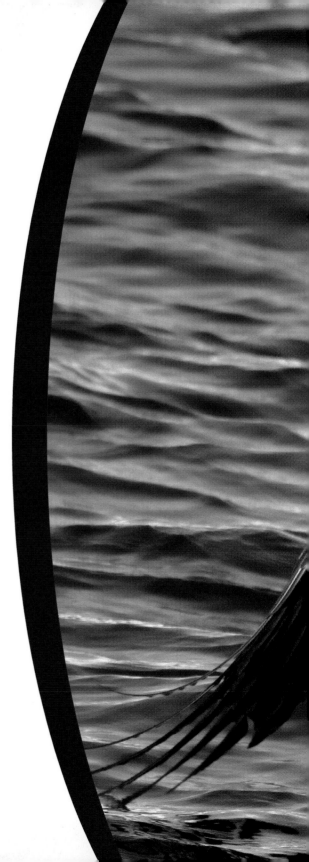

Alimentación y caza

Las águilas calvas usan sus garras para cazar a sus presas. Con sus picos despedazan la comida.

12

La vista de las águilas calvas es excelente. Les ayuda a ver a sus **presas** desde muy lejos.

La comida favorita del águila
calva son los peces. También
le gusta comer pájaros
pequeños y roedores.

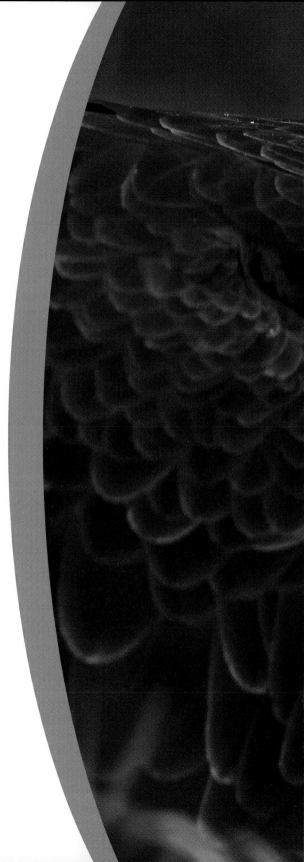

Crías de águilas calvas

Las águilas calvas mantienen la misma pareja de por vida. Construyen el nido juntos en lo alto de los árboles. Usan palos y ramitas.

Las águilas calvas regresan
al mismo nido cada año.
Las hembras ponen de uno
a tres huevos. Sus crías se
llaman polluelos. Las madres
cuidan de los polluelos
alrededor de 12 semanas.

Más datos

- Las águilas calvas pueden vivir hasta 28 años en la naturaleza.

- Los polluelos de las águilas calvas son sólo de un color. Las plumas blancas les salen a los 5 años.

- Sólo existe un pájaro más grande que el águila calva. Es el cóndor de California.

Glosario

garras – uñas, especialmente las de las aves rapaces.

pareja – cada uno de los dos animales que se juntan para tener crías.

presa – animal que ha sido cazado para comérselo.

Índice

alimento 12, 14, 16

Canadá 20

color 8, 10

Estados Unidos 4

garras 10, 12

hábitat 6

huevos 20

México 4

nido 18, 20

pico 10, 12

plumas 8

polluelos 18, 20

vista 14

abdokids.com

¡Usa este código para entrar en abdokids.com y tener acceso a juegos, arte, videos y mucho más!

Código Abdo Kids:
ABK1088